BEST FRIENDS ♥ FOR ♥ EVER

Édition originale
© Summersdale Publishers Ltd, 2019
Publié pour la première fois au Royaume-Uni en 2016
sous le titre *Best B*tch, puis* en 2017 sous le titre *Bestie*
par Summersdale Publishers Ltd
Part of Octopus Publishing Group Limited
Carmelite House
50 Victoria Embankment
LONDON
EC4Y 0DZ

Édition française
© 2020, Hachette Livre (Hachette Pratique), Paris

Direction éditoriale : Catherine Saunier-Talec
Responsable éditorial : Stéphane Rosa
Direction artistique : Cecilia Rehbinder
Fabrication : Cécile Alexandre-Tabouy
Partenariats : Sophie Morier — smorier@hachette-livre.fr

Happy Book

BEST FRIENDS ♥ FOR ♥ EVER

hachette

Pour : ....

De la part de : ....

MA TRÈS CHÈRE AMIE, JE NE SAIS VRAIMENT PAS

CE QUE JE FERAIS SANS TOI.

Les amis véritables sont comme des diamants – brillants, beaux, inestimables et toujours classes.

Nicole Richie

Les femmes constituent le plus grand réservoir de talents inexploré au monde.

Hillary Clinton

Certaines filles naissent avec des paillettes dans les veines.

**NUL N'A
LE DROIT DE
VOUS RABAISSER
SANS VOTRE
CONSENTEMENT.**

Eleanor Roosevelt

Ne renoncez
jamais, car
il est tout prêt,
le moment où
le vent va tourner.

Harriet Beecher Stowe

Si une femme est suffisamment ambitieuse, déterminée et talentueuse, alors quasiment rien ne peut l'arrêter.

Helen Lawrenson

SEULE, UNE FILLE PEUT CHANGER LA DONNE.

ENSEMBLE, DEUX FILLES PEUVENT CHANGER LE MONDE.

= OBJECTIF
DES BFF.

Je t'adore parce
que nous détestons
les mêmes choses.

ON NE NAÎT
PAS FEMME :
ON LE DEVIENT.

Simone de Beauvoir

On ne vit qu'une fois, mais si on le fait bien, c'est suffisant.

Mae West

On devient adulte le jour où l'on rit ouvertement de soi pour la première fois.

Ethel Barrymore

#bestfriends

BEAUCOUP DE GENS N'OSENT PAS DIRE CE QU'ILS VEULENT. C'EST POUR CELA QU'ILS N'OBTIENNENT PAS CE QU'ILS VEULENT.

Madonna

BRILLANTE COMME
UNE ÉTOILE,
PÉTILLANTE COMME
DU CHAMPAGNE...

ET PIQUANTE COMME UNE ÉPINE DE ROSE.

Où que nous soyons, ce sont nos amis qui forment notre univers.

Henry Drummond

Parfois, n'avoir peur de rien, c'est avoir des peurs, mais les fuir en courant.

Taylor Swift

**Tout ce qui m'est arrivé
dans la vie, toutes
les réponses que j'ai
trouvées, toutes les chances
que j'ai saisies, c'était
mes décisions, toujours.**

Nicki Minaj

Dans mes moments de doute, je me suis répété avec fermeté : si je ne le fais pas, qui le fera ? Si je ne le fais pas maintenant, alors quand ?

Emma Watson

Nul ne nous empêchera jamais de rayonner.

UN AMI, C'EST
QUELQU'UN QUI
SAIT QUI VOUS
ÊTES, QUI ACCEPTE
CE QUE VOUS
ÊTES DEVENU ET
QUI VOUS LAISSE
ÉVOLUER.

Rien ne vaut un ami, si ce n'est un ami qui a du chocolat.

Linda Grayson

Une sacrée bande de nanas.

UNE PRINCESSE ?

NON, TRÈS CHÈRE : UNE REINE

Chaque jour que je passe avec toi est mon jour préféré. Aujourd'hui est donc mon nouveau jour préféré.

A. A. Milne

QUANDUNE FEMME DEVIENT SA PROPRE MEILLEURE AMIE,

LA VIE DEVIENT PLUS FACILE.

Diane von Fürstenberg

Laisse parler
la Beyoncé
qui est en toi !

Il suffit parfois d'une seule rencontre pour que deux êtres se comprennent.

N. R. Hart

**Un véritable ami,
c'est quelqu'un qui nous
laisse l'entière liberté
d'être nous-mêmes.**

Jim Morrison

ON NE PEUT
Y ARRIVER SEUL...
LES AUTRES
ET LES IDÉES
DES AUTRES VALENT
SOUVENT MIEUX
QUE LES NÔTRES.

Amy Poehler

J'ESPÈRE QUE NOUS RESTERONS AMIES JUSQU'À LA MORT…

**ET QU'APRÈS,
NOUS SERONS
DES FANTÔMES
QUI PASSERONT
À TRAVERS
LES MURS POUR
TERRORISER
LES GENS !**

Je bénis les erreurs. Ce sont elles qui font de nous ce que nous sommes.

Beyoncé

Si vous voulez vraiment viser la Lune, armez votre flèche avec force et passion.

Oprah Winfrey

L’argent ne m’intéresse pas, je veux juste être fabuleuse.

Marilyn Monroe

Tu es

formidable.

Il faut être fort,
s'aimer
et croire en soi.

Emma Watson

NE DEVENEZ PAS ENVIEUX, DEVENEZ JUSTE MIEUX.

Alyssa Edwards

#victoire

Si l'on obéit
à toutes les règles,
la vie est bien
moins drôle.

Katharine Hepburn

1 PLANÈTE,
7 CONTINENTS,
DES CENTAINES
DE PAYS...

ET J'AI EU L'HONNEUR DE TE RENCONTRER.

ENSEMBLE, c'est... mon endroit préféré !

IGNOREZ CEUX
QUI NE SONT
QUE HAINE.

L'acte le plus courageux est encore de penser par soi-même. Haut et fort.

Coco Chanel

Voyez les choses en grand.
En très grand !

**Mon meilleur ami
est celui qui fait ressortir
le meilleur de moi.**

Henry Ford

ON PEUT RÉPANDRE LA LUMIÈRE DE DEUX FAÇONS : ÊTRE LA BOUGIE OU LE MIROIR QUI LA REFLÈTE.

Edith Wharton

ON NE VIT QU'UNE FOIS,

ALORS AUTANT SE DONNER À FOND !

Seul un véritable ami vous dira que vous avez le visage sale.

Proverbe sicilien

**Ne t'inquiète pas,
ça va le faire !**

La plus belle découverte qui attend les vrais amis est de se rendre compte qu'on peut prendre des chemins différents sans se perdre de vue.

Elisabeth Foley

Il est très difficile de trouver une meilleure amie, car la meilleure d'entre toutes est déjà prise, c'est la mienne !

Je pense que les femmes sont folles de croire qu'elles sont les égales des hommes ; elles leur sont largement supérieures et l'ont toujours été.

William Golding

L'IMPORTANT N'EST PAS DE SAVOIR CE QU'ILS PENSENT DE MOI, MAIS CE QUE JE PENSE D'EUX.

La reine Victoria

L'amitié est toujours une douce responsabilité, jamais une opportunité.

Khalil Gibran

Je refuse qu'on me dicte qui je suis. Je veux décider par moi-même.

Emma Watson

MERCI D'ÊTRE

LA SŒUR QUE J'AI CHOISIE.

Qui tu es
n'appartient
qu'à toi.

IL EST PLUS
FACILE D'ÊTRE
COURAGEUX
**QUAND ON
N'EST PAS SEUL.**

Amy Poehler

Mon âme sœur...

Personne n'a
jamais osé me dire
que je devrais m'interdire
quelque chose parce
que je suis une fille.

Anne Hathaway

Qu'y a-t-il de plus beau
à revêtir que la joie
et la confiance en soi ?

Taylor Swift

NOUS N'AMUSERONS
JAMAIS PERSONNE
AUTANT QUE NOUS
NOUS AMUSONS
L'UNE L'AUTRE.

**NOS RIRES ?
INÉPUISABLES.**

**NOS SOUVENIRS ?
INNOMBRABLES.**

NOTRE AMITIÉ ?
IRREMPLAÇABLE !

L'ennemi,
c'est le doute. Il faut
savoir qui on est
et pourquoi on se bat.

Jennifer Lopez

Dites « oui ».
Vous comprendrez
pourquoi
plus tard.

Tina Fey

La véritable amitié, c'est quand le silence entre deux personnes n'a rien de gêné.

David Tyson Gentry

Que l'on fasse mille choses ou rien du tout, on passe toujours les meilleurs moments du monde ensemble.

L'amour associé à l'amitié est le gage d'une vie heureuse.

Chelsea Handler

TROP FAN 2 TOI.

Ne sois pas comme les autres. Trouve ta voix, ton langage, ton rythme.

Jill Soloway

Ce sont les amis qu'on peut appeler à 4 heures du matin qui comptent.

Marlene Dietrich

JE PENSAIS ÊTRE NORMALE...

AVANT DE RENCONTRER MA MEILLEURE AMIE.

Tu es mon
#HÉROÏNE

DE TOUS LES BIENS QUE LA SAGESSE PROCURE À L'HOMME POUR LE RENDRE HEUREUX,

IL N'EN EST POINT DE PLUS GRAND QUE L'AMITIÉ.

Épicure

Trop stylée
pour en avoir
quelque chose
à cirer !

Tu as tout ce qu'il faut pour être une femme intrépide, indépendante et victorieuse.

Tyra Banks

Offrez toujours la meilleure version de vous-même plutôt que la copie médiocre de quelqu'un d'autre.

Judy Garland

Si vous pensez être trop insignifiant pour que vos actes aient une quelconque importance, rappelez-vous ce que c'est que d'essayer de dormir lorsqu'un moustique est dans la pièce.

Anita Roddick

UN GARÇON, C'EST SOUVENT POUR UN JOUR.

UNE MEILLEURE AMIE, C'EST POUR TOUJOURS.

Insolente
de mère en fille.

Jamais une fille ne devrait avoir peur de montrer qu'elle est brillante.

Emma Watson

Ne perdez pas votre énergie à tenter de convaincre les autres… vivez votre vie, sans prêter attention à leur opinion.

Tina Fey

Il n'y a aucune raison de craindre ce que les gens vont dire de soi, car on ne peut jamais plaire à tout le monde.

Selena Gomez

C'est moi qui dis que je suis belle. C'est moi qui dis que je suis forte. Ce n'est pas à vous d'écrire mon histoire. Je le ferai moi-même.

Amy Schumer

NE TE DÉVALORISE JAMAIS POUR PERSONNE.

Tyra Banks

Tes bonnes ondes attirent du beau monde.

Si quelqu'un te dit que tu n'en es pas capable, tourne les talons et dis-lui : « c'est ce qu'on va voir ».

ELLE S'EN SAVAIT CAPABLE,

ALORS ELLE L'A FAIT.

Une reine ne craint pas d'échouer. L'échec n'est qu'un tremplin vers la gloire.

Oprah Winfrey

SI TU TOMBES,
JE SERAI
TOUJOURS LÀ
POUR T'AIDER
À TE RELEVER…
UNE FOIS QUE
J'AURAI ARRÊTÉ
DE RIRE !

La question n'est pas de savoir qui m'autorisera à faire ce que je veux, mais plutôt qui m'en empêchera.

Ayn Rand

**Nous demandons
à nos sœurs dans toutes
les régions du monde
de faire preuve de bravoure,
de puiser la force qui est
en elles et de prendre
conscience du potentiel
qui est le leur.**

Malala Yousafzai

Ne laissez personne, absolument personne, vous dire que vous ne pouvez pas être celui ou celle que vous voulez être.

Lady Gaga

ON N'APPREND PAS
L'AMOUR. IL EXISTE.
ON N'APPREND PAS
DAVANTAGE L'AMITIÉ.

Francesco Alberoni

TU SERAS TOUJOURS MA MEILLEURE AMIE

PARCE QUE TU EN SAIS BEAUCOUP TROP SUR MOI.

#GIRLPOWER

Chacun se dit ami ;
mais fou qui s'y repose :
Rien n'est plus commun
que ce nom,
Rien n'est plus rare
que la chose.

Jean de La Fontaine

Je considère que si une fille veut devenir une légende, elle doit poursuivre son but et en devenir une.

Calamity Jane

Ce qu'il faut avant tout, c'est être l'héroïne de sa vie, pas la victime.

Nora Ephron

**On a enseigné aux femmes
à parler doucement
et à porter du rouge à lèvres.
Ce temps-là est révolu.**

Bella Abzug

TU CONNAIS MON
GRAIN DE FOLIE,
MAIS TU NE
CRAINS TOUJOURS
PAS D'ÊTRE VUE
EN PUBLIC
AVEC MOI.

Rien ne peut atténuer la lumière qui irradie de l'intérieur.

Maya Angelou

Sois proche
de tes amis. Et achète
un truc cool
à tes ennemis.

Lena Dunham

L'EXPRESSION « MA MEILLEURE AMIE » EST UNE PROMESSE,

PAS UNE MARQUE DÉPOSÉE.

Une meilleure amie est comme un trèfle à quatre feuilles : la chance d'en avoir une est à la hauteur de la difficulté à la trouver.

Sarah Jessica Parker

UN VÉRITABLE AMI, C'EST QUELQU'UN QUI VOUS CONNAÎT VRAIMENT, MAIS QUI VOUS AIME TOUT DE MÊME.

Edna Buchanan

Le regard d'un ami
est le plus beau
des miroirs.

Proverbe gaélique

Je suis convaincue
qu'il faut s'accepter
tel qu'on est sans
se prendre la tête.

Jennifer Lawrence

Quand je pense à ma plus grande amitié, je la vois comme la plus belle histoire de ma jeune vie.

Lena Dunham

JE NE M'ÉCLATE
QU'EN COMPAGNIE
DE DÉESSES.

VIEILLIR AVEC GRÂCE ET DIGNITÉ ? PAS QUESTION...

NOUS SÈMERONS LA ZIZANIE À LA MAISON DE RETRAITE !

Ne craignez pas d'élever la voix. Battez-vous toujours pour vos rêves !

Gabby Douglas

Je me moque de savoir ce qu'on écrit sur moi du moment que ce n'est pas vrai.

Dorothy Parker

Je t'adore,
ma super copine !

Tout est question d'attitude.

Diane von Fürstenberg

Les amitiés féminines qui fonctionnent sont celles où les femmes s'aident mutuellement à être elles-mêmes.

Louise Bernikow

MA COMPLICE

La jeunesse ne dure qu'un temps, l'immaturité peut durer toujours.

Anonyme

**Tu es clairement
la personne que
je préfère en ce monde.
Personne ne t'arrive
à la cheville.**

RESTE ZEN

ET AIME TA MEILLEURE AMIE.

Une fille n'a pas besoin de quelqu'un qui n'a pas besoin d'elle.

Marilyn Monroe

BADAAAAASSSS
SSSSSSSSSSSS
SSSSSSSS!

Chaque ami représente un monde en nous.

Anaïs Nin

La véritable amitié résiste au temps, à la distance et au silence.

Isabel Allende

**N'oubliez jamais
que vous êtes unique,
comme tout un chacun.**

Alison Boulter

SI VOUS NE SAVEZ PAS CE QU'EST L'AMITIÉ, C'EST QUE VOUS ÊTES PASSÉ À CÔTÉ DE LA PLUS GRANDE LEÇON DE LA VIE.

Mohammed Ali

TU ES LA MEILLEURE

DES MEILLEURES AMIES !

#ÉQUIPEDECHOC

L'amitié est le ciment de la vie humaine.

Jacques Amyot

D'autres femmes « déchirent » ? Elles doivent vous motiver, vous électriser, vous mettre au défi et vous inspirer.

Taylor Swift

C’est une force que d’avoir l’air folle et de s’en moquer éperdument.

Amy Poehler

Reste zen,
ma louloutte !

SERS-TOI DE CHAQUE INTERACTION POUR ÊTRE LA MEILLEURE, LA PLUS PUISSANTE VERSION DE TOI-MÊME.

Marianne Williamson

GARDE
LES CHOSES
QUE TU AIMES...

JETTE TOUT LE RESTE.

Carrément
d'accord avec toi !

NAMASTÉ,
MON AMIE.